Zwergenstübchen

Wie oft bleiben Kartoffel-, Reis-, Nudel-, Gemüse- und Fleischreste übrig. Um diese weiter zu verarbeiten gibt es in jeder Küche bestimmt tolle Auflauf-Rezepte. Ein Lieblingsrezept der Zwerge aus ihrer Resteküche ist dieser Fleisch-Auflauf: 4 Brötchen vom Vortag zerkleinern, 1/4 l kochende Milch darüber gießen. 1 Zwiebel und 1 Paprikaschote klein würfeln, zusammen mit einem Bund feingehackter Petersilie in heißem Öl andünsten. 300 g Bratenreste in Stückchen schneiden. Alles zu den Brötchen geben und mit 2 Eiern, etwas Salz, Pfeffer, Paprika, Majoran vermischen. Die Masse in eine gefettete Auflaufform füllen, Butterflöckchen darüber verteilen. Im vorgeheizten Backofen bei 200 Grad ca. 45 Minuten backen. In unserem Zwergenstübchen Auflauf-Buch soll es natürlich nicht bei der Resteküche bleiben, sondern die Zwerge haben sich viele pikante und süße Aufläufe ausgedacht, für Sie zubereitet und laden nun alle Zwergenstübchen-Freunde herzlich ein, die Rezepte auszuprobieren.

Elke Schuster

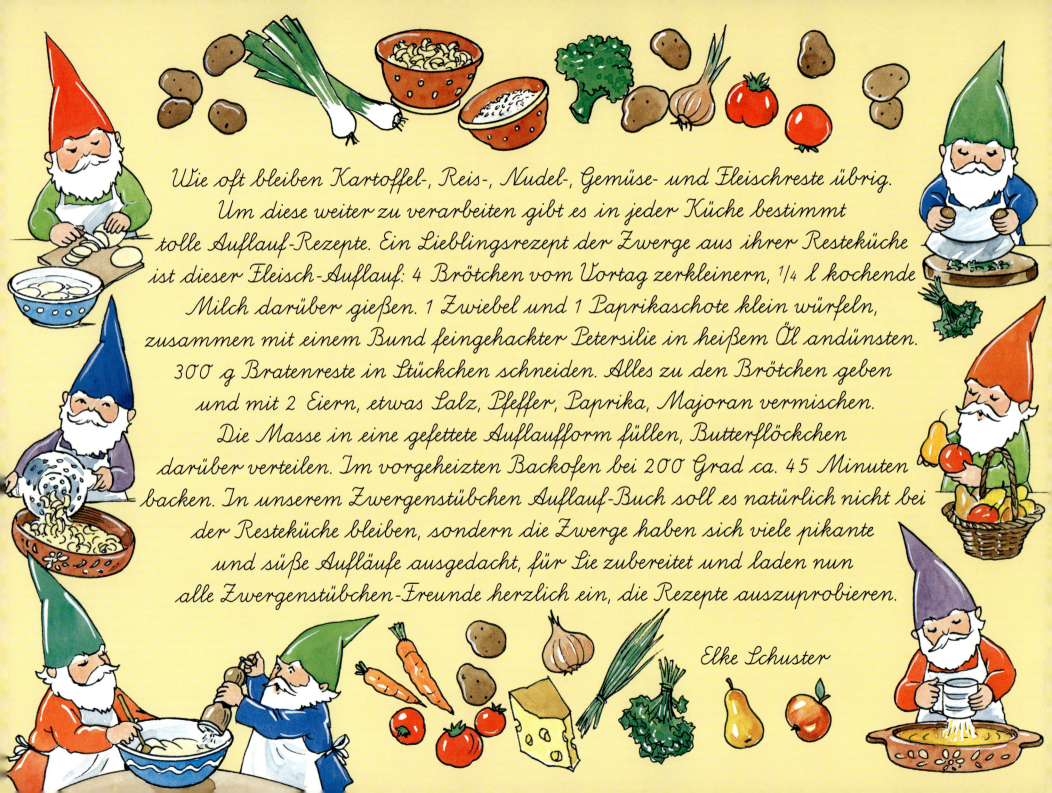

Auflauf-Kostproben – pikant und süß

Leckerer Kartoffelbrei-Auflauf

Aus 1 kg Kartoffeln, 50 g Butter, etwas Salz, 1/2 l Milch einen Kartoffelbrei zubereiten (wie Seite 16 beschrieben). Nun in eine gefettete Auflaufform die Hälfte Kartoffelbrei, 40 g geriebener Hartkäse, 50 g kleingewürfelter Schinken schichten. Den restlichen Kartoffelbrei darauf verteilen. Zuletzt 30 g geriebener Käse und einige Butterflöckchen darüber geben. Im vorgeheizten Backofen bei 180 Grad ca. 25 Minuten backen.

Feiner Zwergen-Auflauf

200 g Mehl, 400 ml Milch, 30 g Zucker, 4 Eier gut verrühren. Danach 50 g geschmolzene Butter untermischen. Kleine, gefettete Tonförmchen halbvoll mit der Masse füllen. Im vorgeheizten Backofen bei 180 Grad ca. 30 Minuten backen. Leicht abgekühlt aus den Förmchen nehmen und seitlich auf ein Kuchengitter legen. Vor dem Servieren mit Puderzucker bestäuben.

PFIRSICH-AUFLAUF

Zutaten:

1 Dose Tortenpfirsich-Schnitten
100 g gemahlene Haselnüsse
100 g Zucker
1 Päckchen Vanillezucker
1 Esslöffel Kakao
50 g Speisestärke
1 Messerspitze Backpulver
4 Eier
200 ml Milch
1 Becher süße Sahne
100 g Butter

Zubereitung:

Gut abgetropfte Pfirsich-Schnitten in eine gefettete Quicheform legen. Haselnüsse, Zucker, Vanillezucker, Kakao, Speisestärke und Backpulver vermischen. Anschließend Eier verquirlen, löffelweise die Nussmischung einrühren. Milch, Sahne, zerlassene Butter zufügen, alles verrühren und über die Pfirsiche gießen. Den Auflauf im vorgeheizten Backofen zuerst bei 180 Grad 20 Minuten, danach bei 150 Grad weitere ca. 30 Minuten backen. Vor dem Servieren Puderzucker darüber stäuben und mit einigen Pfirsich-Schnitten verzieren.

APFEL-MANDEL-AUFLAUF

Zutaten:

500 g mürbe Äpfel
2 Esslöffel Wasser
1 Esslöffel Zucker
etwas Zitronensaft
125 g Butter
100 g Zucker
3 Eier
125 g gemahlene Mandeln

Zubereitung:
Äpfel schälen, Kerngehäuse herausstechen, danach etwa 1 cm dicke Scheiben schneiden. Wasser, Zucker, Zitronensaft in einem Topf erhitzen, die Apfelscheiben hinein geben und bei schwacher Hitze kurz dünsten, anschließend in eine gefettete Auflaufform legen. Die Butter gut rühren, löffelweise den Zucker zufügen. Eier schaumig schlagen, mit der Buttercreme vermischen, gemahlene Mandeln unterziehen. Nun die Masse auf den Apfelscheiben verteilen. Im vorgeheizten Backofen bei 180 Grad ca. 45 Minuten backen. Den Auflauf warm oder kalt servieren. Dazu kann steifgeschlagene Sahne oder Vanillesoße gereicht werden.

FRUCHTIGER REISAUFLAUF

Zutaten:

3/4 l Milch

150 g Milchreis

1 Päckchen Vanillezucker

Früchte nach Belieben

z.B. 1 Glas Kirschen oder

1 Dose Pfirsiche (diese klein schneiden)

3 Eigelb

50 g Zucker

3 Esslöffel Fruchtsaft (von den konservierten Früchten)

50 g gemahlene Mandeln

3 Eiweiß

50 g Zucker

Zubereitung:

Milch zum Kochen bringen, Reis und Vanillezucker einrühren. Anschließend den Milchreis zugedeckt im vorgeheizten Backofen bei 140 Grad etwa 45 Minuten ausquellen lassen. Danach Eigelb, Zucker, Fruchtsaft schaumig schlagen. Mandeln und das mit Zucker steifgeschlagene Eiweiß unterziehen. Nun den abgekühlten Reis, Früchte sowie die Mandelmasse vorsichtig vermischen und in eine gefettete Auflaufform füllen. Im vorgeheizten Backofen bei 180 Grad etwa 45 Minuten backen.

ÜBERBACKENES APFELMUS

Zutaten:
150 g Zwieback
$1/2$ l Milch
2 Eßlöffel Zucker
1 Päckchen Vanillezucker
2 Eigelb
1 großes Glas Apfelmus
$1/2$ Teelöffel Zimt
2 Eiweiß
1 Eßlöffel Puderzucker

Zubereitung:
Die Zwiebackscheiben in eine gefettete Auflaufform legen. Milch, Zucker, Vanillezucker, Eigelb verquirlen, über den Zwieback gießen. Apfelmus und Zimt vermischen, auf den Zwiebackscheiben gleichmäßig verteilen.

SÜSSE MANDEL-NUDELN

Das Zwieback-Apfelmus im vorgeheizten Backofen bei 180 Grad ca. 45 Minuten backen. Nun Eiweiß, Puderzucker steif schlagen und über das Apfelmus streichen. Den Auflauf in weiteren etwa 15 Minuten fertig backen. Das leckere Apfelmus schmeckt warm und kalt gut.

Zutaten:
250 g Bandnudeln
80 g Zucker
1 Päckchen Vanillezucker
3/4 l Milch
2 Eigelb
80 g gemahlene Mandeln
2 Eiweiß
1 Esslöffel Puderzucker

Zubereitung:
Nudeln, Zucker, Vanillezucker in die kochende Milch geben (den Topf zuvor gut einfetten, damit die Milch nicht anbrennt). Die Nudeln bei mittlerer Hitze garen. Anschließend mit etwas Wasser verquirlte Eigelb und gemahlene Mandeln unter die Nudeln mischen.

Alles in eine gefettete Auflaufform füllen. Danach Eiweiß, Puderzucker steif schlagen und auf den Nudeln verteilen. Im vorgeheizten Backofen bei 200 Grad ca. 25 Minuten backen. Die süßen Nudeln gleich nach dem Backen servieren.

ZUCCHINI-POLENTA

Zutaten:

200 g Maisgrieß

3/4 l Gemüsebrühe

etwas Kräutersalz

1/2 Bund Petersilie

1 Zwiebel

etwas Olivenöl

600 g Zucchini

1 Becher süße Sahne

etwas Knoblauchsalz und Pfeffer

50 g geriebener Hartkäse

Zubereitung:
Den Maisgrieß in die kochende Gemüsebrühe einstreuen, bei geringer Hitze zu einem Brei rühren. Anschließend vom Herd nehmen, zugedeckt ca. 10 Minuten ausquellen lassen. Die leicht abgekühlte Polenta mit Kräutersalz würzen, feingehackte Petersilie untermischen. Zwiebelwürfelchen in heißem Öl andünsten, Zucchinischeiben dazugeben und leicht anbraten. Sahne einrühren, mit den Gewürzen abschmecken. Die Polenta in eine gefettete Auflaufform füllen, Sahne-Zucchini und Hartkäse darüber verteilen. Im vorgeheizten Backofen bei 200 Grad ca. 30 Minuten backen.

CHAMPIGNON-QUICHE

Zutaten:

Teig:
250 g Mehl
1 Messerspitze Backpulver
1/2 Teelöffel Kräutersalz
6 Esslöffel Wasser
125 g Butter

Belag:
1 Zwiebel
etwas Öl
150 g gekochter Schinken
600 g Champignons
etwas Salz und Pfeffer
je 1/2 Becher süße und saure Sahne
3 Eier
1 Teelöffel Speisestärke
etwas Kräutersalz und Pfeffer
75 g geriebener Hartkäse

Zubereitung:
Teigzutaten zu einem Mürbteig verarbeiten, kaltstellen. Währenddessen den Belag zubereiten. Feingehackte Zwiebel in heißem Öl glasig dünsten. Kleingewürfelten Schinken, blättrig geschnittene Champignons zufügen, kurz mitdünsten und gut würzen. Nun den Teig auf einer bemehlten Arbeitsfläche auswellen. Diesen in eine gefettete Quicheform legen. Anschließend den abgekühlten Belag gleichmäßig auf dem Teigboden verteilen. Danach Sahne, Eier, Speisestärke, Gewürze verquirlen, über das Quiche geben und mit Hartkäse bestreuen. Im vorgeheizten Backofen bei 200 Grad ca. 45 Minuten backen.

TOMATEN-REISAUFLAUF

Zutaten:
1 Zwiebel
250 g Reis
etwas Olivenöl
³/₄ l Gemüsebrühe
etwas Knoblauchsalz
125 g Mozzarella-Käse
800 g Tomaten
etwas Kräutersalz, Pfeffer und Basilikum
50 g geriebener Hartkäse

Zubereitung:
Feingehackte Zwiebel und den Reis in heißem Öl glasig dünsten. Gemüsebrühe und Knoblauchsalz zufügen, etwa 30 Minuten garen. Danach die Hälfte der Reismasse in eine gefettete Auflaufform füllen. Mozzarella und Tomaten (zuvor enthäuten) in Scheiben schneiden. Nun Mozzarella sowie einen Teil der Tomaten auf dem Reis verteilen, gut würzen. Anschließend den restlichen Reis darüber geben. Diesen mit Tomatenscheiben belegen, nochmals würzen und den Käse darauf streuen. Den Auflauf im vorgeheizten Backofen bei 200 Grad ca. 30 Minuten backen.

ÜBERBACKENER KARTOFFELBREI

Zutaten:
1 kg Kartoffeln
50 g Butter
etwas Salz und geriebene Muskatnuss
1/2 l Milch
1 Zwiebel
etwas Öl
600 g Champignons
1/2 Becher Crème fraîche
1 Teelöffel Speisestärke
etwas Kräutersalz und Pfeffer
1/2 Bund Petersilie
50 g geriebener Hartkäse

Zubereitung:
Gekochte, geschälte Kartoffeln noch heiß durch die Kartoffelpresse drücken. Butter, Salz, Muskatnuss dazugeben und die heiße Milch einrühren. Den Kartoffelbrei so lange schlagen bis er weiß und locker ist. Zwiebelwürfelchen in heißem Öl glasig dünsten. Blättrig geschnittene Champignons zufügen, kurz mitdünsten. Crème fraîche und Speisestärke verquirlen, mit den Champignons vermischen, gut würzen, feingehackte Petersilie unterrühren. Kartoffelbrei als Ring in eine gefettete Auflaufform geben, Champignons in die Mitte füllen, über diese den Hartkäse streuen. Nun im vorgeheizten Backofen bei 200 Grad ca. 25 Minuten backen.

KÄSEAUFLAUF

Zutaten:
8 Scheiben Toastbrot
100 g Lachsschinken
5 Eier
1 1/2 Becher süße Sahne
1/8 l Milch
200 g geriebener Hartkäse
etwas Salz, Pfeffer und Majoran

Zubereitung:
Alle Brotscheiben halbieren. Diese schindelartig in eine gefettete Auflaufform schichten, anschließend den feingeschnittenen Lachsschinken darauf verteilen. Eier, Sahne, Milch verquirlen, Käse untermischen, gut würzen und über das Brot gießen. Den Auflauf im vorgeheizten Backofen bei 200 Grad ca. 30 Minuten backen.

QUARK-NUDELN

Zutaten:
250 g Nudeln
500 g Quark
3 Eigelb
etwas Salz und Pfeffer
1 Becher süße Sahne
50 g geriebener Hartkäse
1/2 Bund Petersilie
3 Eiweiß
etwas Butter

Zubereitung:
Die Nudeln kochen, abtropfen lassen. Quark, Eigelb, Gewürze, Sahne cremig rühren, mit den abgekühlten Nudeln vermengen. Käse und feingehackte Petersilie zufügen, danach das steifgeschlagene Eiweiß unterziehen.

Die Quark-Nudeln in eine gefettete Auflaufform füllen. Zum Schluss Butterflöckchen darauf verteilen. Nun im vorgeheizten Backofen bei 200 Grad ca. 40 Minuten backen.

HACKFLEISCH-CHAMPIGNON-AUFLAUF

Zutaten:
300 g Nudeln
1 Zwiebel
1 Möhre
350 g Hackfleisch
etwas Olivenöl
1/8 l Gemüsebrühe
500 g Tomaten
etwas Knoblauchsalz,
Pfeffer und Oregano
350 g Champignons
etwas Butter
etwas Kräutersalz
und Pfeffer
1/2 Bund Petersilie
250 g Mozzarella-Käse
50 g geriebener Hartkäse
einige Butterflöckchen

Zubereitung:
Die Nudeln kochen, abtropfen lassen.

Kleingewürfelte Zwiebel, Möhre und das Hackfleisch (mit der Gabel zerkleinern) in heißem Öl anbraten. Anschließend mit Gemüsebrühe ablöschen, Tomatenstückchen (Tomaten zuvor enthäuten) zufügen, würzen, ca. 15 Minuten köcheln.

Blättrig geschnittene Champignons in heißer Butter andünsten, etwas Salz und Pfeffer sowie feingehackte Petersilie untermischen. Danach ein Drittel der Nudeln auf den Boden einer gefetteten Auflaufform legen.

Darüber einen Teil der Hackfleisch-Tomatensoße, Champignons, Mozzarella-Scheiben geben. Diese Schichten noch einmal wiederholen, den Auflauf mit Nudeln abdecken.

BLUMENKOHL-BROKKOLI-AUFLAUF

Zum Schluss restliche Hackfleisch-Tomatensoße, den geriebenen Hartkäse und einige Butterflöckchen darauf verteilen. Im vorgeheizten Backofen bei 200 Grad etwa 30 Minuten backen. Zu dem Hackfleisch-Champignon-Auflauf Blattsalat servieren.

Zutaten:
750 g Blumenkohl
750 g Brokkoli
30 g Butter
1 Esslöffel Mehl
1/4 l Gemüsebrühe
1/4 l Milch
100 g geriebener Hartkäse
etwas Salz und Pfeffer

Zubereitung:
Blumenkohl- und Brokkoliröschen in Salzwasser kurz kochen, abtropfen lassen. Nun die Butter erhitzen, das Mehl einrühren, mit Gemüsebrühe und Milch ablöschen. Bei schwacher Hitze einige Minuten köcheln.

Danach 50 g Käse unterrühren (Käse schmelzen lassen), gut würzen. Anschließend Blumenkohl- und Brokkoliröschen in eine flache, gefettete Auflaufform legen, darüber die leicht abgekühlte Soße verteilen, mit restlichem Käse bestreuen. Im vorgeheizten Backofen bei 200 Grad ca. 20 Minuten backen.

SPINAT-PFANNKUCHEN

Zutaten:
250 g Mehl
etwas Salz
3 Eier
1/2 l Milch
Fett zum Ausbacken
1 Zwiebel
750 g blanchierter Blattspinat
etwas Öl
etwas Salz, Pfeffer und geriebene Muskatnuss
1 Becher süße Sahne
2 Eier
etwas Salz und Pfeffer

Zubereitung:
Mehl, Salz, Eier, Milch zu einem glatten Teig verrühren. Dünne Pfannkuchen in heißem Fett ausbacken. Danach die Füllung zubereiten. Feingehackte Zwiebel sowie den ausgedrückten, kleingeschnittenen Spinat in heißem Öl andünsten, gut würzen. Auf jeden Pfannkuchen etwas Spinat verteilen, aufrollen und in der Mitte durchschneiden. Anschließend alle Pfannkuchen-Hälften in eine gefettete Auflaufform geben (Schnittflächen nach oben). Sahne, Eier, Salz, Pfeffer verquirlen und über die Pfannkuchen gießen. Im vorgeheizten Backofen bei 200 Grad ca. 35 Minuten backen.

KIRSCHEN-AUFLAUF

Zutaten:
100 g Butter
150 g Zucker
5 Eigelb
200 g Mehl
1/2 Päckchen Backpulver
etwas Zimt
1/8 l Milch
5 Eiweiß
1 Glas Kirschen

Zubereitung:
Butter schaumig schlagen. Abwechselnd Zucker, Eigelb dazugeben, gut rühren. Mehl, Backpulver, Zimt vermischen, nach und nach mit der Milch in die Schaummasse einrühren. Zum Schluss das steifgeschlagene Eiweiß unterziehen.

Nun etwa 2/3 des Teiges in eine gefettete Auflaufform füllen, abgetropfte Kirschen darauf verteilen, mit dem restlichen Teig abdecken. Im vorgeheizten Backofen bei 200 Grad ca. 1 Stunde backen. Nach Belieben Puderzucker über den Auflauf stäuben, mit Kirschen und Schokoraspel verzieren. Dazu Vanillesoße oder steifgeschlagene Sahne reichen.

APFEL-STREUSELCHEN

Zutaten:

Streusel:
100 g kalte Butter
100 g Zucker
150 g Mehl

Belag:
500 g Äpfel
etwas Zucker

50 g Butter
100 g Zucker
1 Päckchen Vanillezucker
3 Eigelb
500 g Quark
30 g Speisestärke
1 Messerspitze Backpulver
3 Eiweiß

Zubereitung:
Kleingeschnittene Butter, Zucker, Mehl verkneten und zu Streusel zerkrümeln, kaltstellen. Äpfel schälen, Kerngehäuse entfernen und in kleine, feine Scheiben schneiden. Den Zucker dazugeben, gut vermischen, durchziehen lassen. Nun die Butter schaumig schlagen, unter Rühren Zucker, Vanillezucker, Eigelb zufügen. Quark, Speisestärke mit Backpulver vermischt, einrühren. Apfelstückchen sowie steifgeschlagenes Eiweiß unterziehen. Die Hälfte der Streusel auf den Boden einer gefetteten Auflaufform legen, Apfel-Quarkmasse einfüllen und restliche Streusel darüber verteilen. Den Auflauf in den kalten Backofen stellen, bei 200 Grad ca. 50 Minuten backen.

MOHN-AUFLAUF

Zutaten:

3/4 l Milch
180 g Milchreis
1 Esslöffel Zucker
1 Päckchen Vanillezucker
30 g gemahlene Haselnüsse
50 g gemahlener Mohn
1 Dose Aprikosen
etwas Aprikosensaft (von den konservierten Früchten)
50 g Butter
50 g Zucker
3 Eigelb
3 Eiweiß

Zubereitung:

Milch zum Kochen bringen. Reis, Zucker und Vanillezucker einrühren. Anschließend den Milchreis zugedeckt im vorgeheizten Backofen bei 140 Grad ca. 45 Minuten ausquellen lassen. Haselnüsse und Mohn mit etwas Fruchtsaft aufkochen. Nun Butter, Zucker, Eigelb schaumig schlagen, abgekühlten Milchreis zufügen sowie steifgeschlagenes Eiweiß unterziehen. Die Hälfte der Reismasse in eine gefettete Auflaufform füllen, darauf nacheinander den inzwischen ausgekühlten Nuss-Mohn, abgetropfte Aprikosen und zuletzt restlichen Milchreis geben. Im vorgeheizten Backofen bei 200 Grad etwa 45 Minuten backen.

BIRNEN-SCHMAUS

Zutaten:

100 g Butter

50 g Zucker

2 Eier

50 g Schokolade

30 g Mehl

1 Teelöffel Backpulver

20 g Speisestärke

100 g gemahlene Haselnüsse

1 Dose Birnen

Zubereitung:

Butter schaumig schlagen. Abwechselnd Zucker und Eier dazugeben, gut rühren. Danach die im Wasserbad geschmolzene, leicht abgekühlte Schokolade unterziehen. Mehl, Backpulver, Speisestärke, Haselnüsse vermischen, in die Schaummasse einrühren. Den Teig in eine gefettete, flache Auflauf- oder Quicheform füllen, darüber die abgetropften, geviertelten Birnen legen. Im vorgeheizten Backofen bei 200 Grad ca. 20 Minuten backen. Den Birnen-Schmaus mit Puderzucker bestäuben oder geschmolzene Kuvertüre aufspritzen. Dazu schmeckt besonders lecker Vanilleeis und steifgeschlagene Sahne.

NUDEL-KARTOFFEL-GERICHT

Zutaten:

400 g Nudeln

1 Zwiebel

etwas Öl

500 g Pilze

etwas Salz und Pfeffer

250 g Kartoffeln

etwas Kräutersalz
und Thymian

200 g geriebener Hartkäse

je 1/2 Becher Crème fraîche
und saure Sahne

etwas Salz und Pfeffer

Zubereitung:
Die Nudeln kochen, abtropfen lassen. Zwiebelwürfelchen in heißem Öl andünsten, blättrig geschnittene Pilze zufügen, kurz mitdünsten und gut würzen. Nun die geschälten Kartoffeln fein hobeln.

Nacheinander einen Teil der Nudeln, Pilze, Kartoffeln in eine gefettete Auflaufform geben, mit Kräutersalz, Thymian und Käse bestreuen. In derselben Reihenfolge die restlichen Zutaten einschichten. Crème fraîche, Sahne, Gewürze verrühren, über den Käse gießen. Im vorgeheizten Backofen bei 200 Grad etwa 45 Minuten backen.

QUARK-AUFLAUF MIT WÜRSTCHEN

Zutaten:

1 Zwiebel

etwas Öl

3 Paar Wiener Würstchen

400 g Pilze

etwas Salz und Pfeffer

60 g Butter

4 Eigelb

250 g Quark

1 Becher saure Sahne

2 Esslöffel Speisestärke

etwas Kräutersalz
und Pfeffer

1/2 Bund Petersilie

4 Eiweiß

Zubereitung:
Zwiebelwürfelchen in heißem Öl andünsten. Die in Scheiben geschnittenen Würstchen und Pilze zufügen, kurz mitdünsten, gut würzen. Butter schaumig schlagen, nacheinander die Eigelb sowie Quark, Sahne, Speisestärke einrühren, würzen, zu der Pilzmasse geben, feingehackte Petersilie und steifgeschlagenes Eiweiß unterziehen. Den Auflauf im vorgeheizten Backofen bei 200 Grad etwa 1 Stunde backen.

LECKERER SPINAT - FRISCH AUS DER ZWERGENKÜCHE

Zutaten:

750 g Kartoffeln
80 g Mehl
3 Esslöffel Olivenöl
1 Teelöffel Salz
1 Zwiebel
150 g roher Schinken
etwas Öl
1 kg Blattspinat
etwas Salz und Pfeffer
3 Eier
1 Esslöffel Speisestärke
je 1/2 Becher süße und saure Sahne
etwas Knoblauchsalz und Pfeffer
100 g geriebener Hartkäse

Zubereitung:

Kartoffeln kochen, schälen, noch heiß durch die Kartoffelpresse drücken, abkühlen lassen. Danach Kartoffeln, Mehl, Olivenöl, Salz zu einem glatten Teig verarbeiten. Diesen mit den Händen gleichmäßig in einer gefetteten Quicheform verteilen.

Im vorgeheizten Backofen bei 200 Grad 20 Minuten vorbacken. Feingehackte Zwiebel und kleingeschnittener Schinken in heißem Öl andünsten, blanchierten Spinat kurz mitdünsten, gut würzen. Eier, Speisestärke verquirlen, nacheinander Sahne, Gewürze und etwa 70 g Käse unterrühren.

Nun auf den vorgebackenen Quicheboden zuerst die Spinat-Schinkenmasse, darüber das Ei-Sahnegemisch geben, mit dem restlichen Käse bestreuen. Den leckeren Spinat in ca. 30 Minuten fertig backen.

Sahnekartoffeln

Zutaten:
1,5 kg Kartoffeln, etwas Kräutersalz, 2 Becher saure Sahne,
1 Becher süße Sahne, etwas Salz, Pfeffer und Thymian,
150 g geriebener Hartkäse

Zubereitung:
Alle geschälten, kleingewürfelten Kartoffeln in eine gefettete
Auflaufform füllen, etwas Salz darüber streuen. Sahne,
Gewürze verrühren und auf den Kartoffeln verteilen.
Nun die Form mit Alufolie abdecken. Im vorgeheizten Backofen
bei 200 Grad 1 Stunde backen. Anschließend Folie entfernen
und Käse über die Sahnekartoffeln geben, in weiteren
ca. 30 Minuten fertig backen.

GEMÜSE-AUFLAUF

Zutaten:
300 g Möhren
etwas Butter
200 g Lauch
etwas Wasser
4 Eier
1/2 Becher Crème fraîche
etwas Salz und Pfeffer

Zubereitung:
Die Möhrenscheiben in etwas Butter andünsten. Anschließend Lauchringe in Wasser ebenfalls kurz dünsten, abtropfen lassen. Das Gemüse in eine gefettete Auflaufform legen, gut würzen. Eier mit Crème fraîche verquirlen, Salz, Pfeffer zufügen. Die Eier-Sahne vorsichtig über das Gemüse gießen. Den Auflauf im vorgeheizten Backofen bei 180 Grad ca. 30 Minuten backen.

SCHINKEN-LASAGNE

Zutaten:
375 g Lasagne-Platten
1 Zwiebel
etwas Öl
1 Paprikaschote
250 g roher Schinken

Soße:
30 g Butter
30 g Mehl
200 ml Gemüsebrühe
200 ml Milch
2 Ecken Kräuter-Schmelzkäse
etwas Salz, Pfeffer
und Basilikum

30 g geriebener Parmesankäse

Zubereitung:
Lasagne-Platten wie Nudeln kochen. Nach dem Abtropfen diese einzeln auf einem Tuch trocknen lassen.

Feingehackte Zwiebel in heißem Öl glasig dünsten. Paprika- und Schinkenwürfelchen zufügen, kurz mitdünsten. Für die Soße Butter erhitzen, Mehl einrühren, mit Gemüsebrühe und Milch ablöschen.

Bei schwacher Hitze einige Minuten köcheln lassen. Danach den kleingeschnittenen Schmelzkäse unterrühren, gut würzen. In eine gefettete Auflaufform abwechselnd Lasagne-Platten, Soße, Paprika- und Schinkenwürfelchen geben.

Als Abschluss Lasagne-Platten legen, restliche Soße darüber verteilen. Die Schinken-Lasagne mit Parmesankäse bestreuen. Im vorgeheizten Backofen bei 200 Grad ca. 30 Minuten backen.

SÜSSE QUARKSPEISE

Zutaten:
80 g Butter
4 Eigelb
120 g Zucker
1 Päckchen Vanillezucker
500 g Schichtkäse
75 g Grieß
2 Teelöffel Backpulver
4 Eiweiß
1 Dose Tortenpfirsich-Schnitten
1 Glas Kirschen

Zubereitung:
Butter schaumig schlagen, abwechselnd Eigelb, Zucker, Vanillezucker dazugeben, gut mitrühren. Schichtkäse und Grieß mit Backpulver vermischt, in die Eigelbmasse einrühren, sowie steifgeschlagenes Eiweiß unterziehen.

Danach lagenweise in eine gefettete Auflaufform abgetropfte Pfirsich-Schnitten, die Hälfte der Quarkcreme, abgetropfte Kirschen und restliche Quarkcreme schichten. Im vorgeheizten Backofen bei 190 Grad ca. 60 Minuten backen. Vor dem Servieren mit Puderzucker bestäuben.

ANANAS-LÖFFELBISKUIT-AUFLAUF

Zutaten:
1 Dose Ananas
(Saft aufheben)
8 Löffelbiskuits
5 Eigelb
70 g Zucker
1/4 l Milch
30 g Mehl
1 Messerspitze Backpulver
5 Eiweiß
1 Päckchen Vanillezucker

Zubereitung:
Ananas abtropfen lassen, klein schneiden und in eine gefettete Auflaufform legen. Die geviertelten Löffelbiskuits über den Fruchtstückchen verteilen, mit Ananassaft beträufeln. Eigelb, Zucker, 1 Esslöffel Ananassaft schaumig rühren. Milch, Mehl, Backpulver zufügen, alles gut vermischen. Eiweiß mit Vanillezucker steif schlagen, unter die Eigelbmasse ziehen und in die Auflaufform füllen. Im vorgeheizten Backofen bei 190 Grad ca. 45 Minuten backen. Vor dem Anrichten Puderzucker über den fruchtigen Löffelbiskuit-Auflauf stäuben.

FEINES SOUFFLÉ

Zutaten:
6 Eigelb
160 g Puderzucker
1 Päckchen Vanillezucker
500 g Schichtkäse
1/2 Becher süße Sahne
40 g Speisestärke
6 Eiweiß

Zubereitung:
Eigelb schaumig schlagen, nach und nach Puderzucker, Vanillezucker dazugeben. Anschließend Schichtkäse, Sahne, Speisestärke einrühren. Zum Schluss den Eischnee unterziehen. Die Masse in eine gefettete Auflaufform füllen. Im vorgeheizten Backofen bei 190 Grad etwa 60 Minuten backen. Das Soufflé mit Puderzucker bestäubt anrichten.

BUNTES REIS-GRATIN

Zutaten:
1 Zwiebel
250 g Reis
etwas Olivenöl
3/4 l Gemüsebrühe
etwas Kräutersalz
1 Zucchini
3 Tomaten
1 Paprikaschote
100 g gekochten Schinken
etwas Salz, Pfeffer
und Basilikum
100 g geriebener Hartkäse

Zubereitung:
Feingehackte Zwiebel und den Reis in heißem Öl glasig dünsten. Gemüsebrühe, Kräutersalz zufügen, etwa 30 Minuten garen. Anschließend den Reis in eine gefettete, flache Auflauf- oder Quicheform füllen. Zucchini- und Tomatenscheiben, Paprika- und Schinkenstreifen darauf verteilen, gut würzen. Zum Schluss mit Käse bestreuen. Im vorgeheizten Backofen bei 200 Grad ca. 25 Minuten backen.

ZWERGEN-NUDEL-HIT

Zutaten:
400 g Nudeln
250 g Erbsen
etwas Gemüsebrühe
1 Zwiebel
150 g gekochten Schinken
etwas Öl

200 g Frischkäse
1 Becher süße Sahne
etwas Salz, Pfeffer
und Oregano
50 g geriebener Hartkäse

Zubereitung:
Die Nudeln kochen. Währenddessen Erbsen in Gemüsebrühe blanchieren, abtropfen lassen. Feingehackte Zwiebel und kleingeschnittenen Schinken in heißem Öl andünsten, mit den Erbsen unter die abgetropften Nudeln mischen. Frischkäse, Sahne verrühren, gut würzen und zu den Nudeln geben. Alles vermengen, anschließend in eine gefettete Auflaufform füllen, mit Käse bestreuen. Im vorgeheizten Backofen bei 200 Grad ca. 25 Minuten backen.

SCHINKEN-BOHNEN

Zutaten:
600 g grüne Bohnen
etwas Gemüsebrühe
1 Zwiebel
200 g roher Schinken
1 Paprikaschote
etwas Öl

2 Eier
1 Becher saure Sahne
1/2 Becher Crème fraîche
etwas Salz und Pfeffer
80 g geriebener Hartkäse

Zubereitung:
Bohnen in Gemüsebrühe garen. Feingehackte Zwiebel, Schinken- und Paprikastreifen in heißem Öl andünsten. Nun die abgetropften Bohnen zufügen, alles vermischen, danach in eine gefettete Auflaufform füllen. Eier, Sahne, Crème fraîche verrühren, gut würzen, über die Bohnen geben und mit Käse bestreuen. Im vorgeheizten Backofen bei 200 Grad ca. 25 Minuten backen.

KASSLER IM VERSTECK

Zutaten:

1 Zwiebel

etwas Öl

2 Paprikaschoten

300 g Champignons

400 g Lauch

1 Tomate

1 Esslöffel Tomatenmark

etwas Salz, Pfeffer und Basilikum

500 g Kassler (gekochtes, ohne Knochen)

50 g geriebener Hartkäse

Zubereitung:

Feingehackte Zwiebel in heißem Öl andünsten. Paprikastreifen, blättrig geschnittene Champignons, Lauchringe sowie die enthäutete, zerkleinerte Tomate zufügen, kurz mitdünsten. Anschließend Tomatenmark einrühren, gut würzen. Die Kassler-Scheiben in eine gefettete Auflaufform legen, nun das Gemüse darauf verteilen und mit Käse bestreuen. Danach im vorgeheizten Backofen bei 200 Grad etwa 30 Minuten backen.

LECKERER CHICORÉE

Zutaten:

1 Zwiebel

etwas Olivenöl

1 kg Chicorée

etwas Curry

etwas Gemüsebrühe

1 Becher Crème fraîche

etwas Knoblauchsalz

und Pfeffer

50 g geriebener Hartkäse

Zubereitung:

Feingehackte Zwiebel in heißem Öl glasig dünsten. Chicorée halbieren und jeweils den bitteren Keil herausschneiden. Danach die Chicorée zu den Zwiebeln geben, etwas Curry sowie Gemüsebrühe zufügen und ca. 10 Minuten mitdünsten.

Nun alles in eine gefettete Auflaufform füllen. Crème fraîche, Salz, Pfeffer verquirlen, über das Gemüse gießen und mit Käse bestreuen. Im vorgeheizten Backofen bei 220 Grad ca. 25 Minuten backen. Als Beilage zum leckeren Chicorée schmeckt besonders gut Reis.

TOMATEN-PFANNKUCHEN

Zutaten:
70 g Mehl
etwas Salz
4 Eigelb
150 ml Milch
4 Eiweiß
Fett zum Ausbacken

500 g Tomaten
etwas Kräutersalz,
Pfeffer und Basilikum
50 g geriebener Hartkäse

Zubereitung:
Mehl, Salz, Eigelb, Milch zu einem glatten Teig verrühren, etwa 30 Minuten quellen lassen. Anschließend das steifgeschlagene Eiweiß unterziehen. Aus der Teigmasse einen dicken Pfannkuchen in heißem Fett hellgelb ausbacken. Danach mit Tomatenscheiben belegen, diese gut würzen, darüber den geriebenen Hartkäse streuen. Nun im vorgeheizten Backofen bei 200 Grad ca. 30 Minuten backen.

RITTERLICHER HACKFLEISCH-AUFLAUF

Zutaten:
1 Zwiebel
1/2 Bund Petersilie
etwas Öl
400 g Champignons
etwas Knoblauchsalz
und Pfeffer
500 g Hackfleisch
250 g Quark
etwas Salz und Pfeffer
1 Tomate
etwas Salz, Pfeffer
und Basilikum
50 g geriebener Hartkäse

Zubereitung:
Zwiebel und Petersilie fein hacken, in heißem Öl andünsten. Blättrig geschnittene Champignons zufügen, kurz mitdünsten, gut würzen. Nun Hackfleisch, Quark, Gewürze vermischen. Danach die Hälfte der Hackfleisch-Quarkmasse, Champignons und restliches Hackfleisch in eine gefettete Auflaufform schichten. Tomatenscheiben darüber verteilen, würzen. Im vorgeheizten Backofen bei 220 Grad 30 Minuten backen. Den Auflauf mit Käse bestreuen, in etwa 30 Minuten fertig backen.

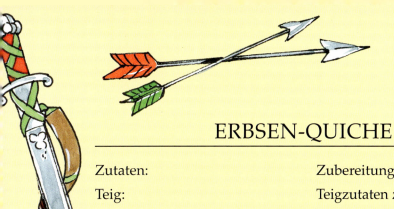

ERBSEN-QUICHE

Zutaten:

Teig:
250 g Mehl
1 Messerspitze Backpulver
etwas Salz
1 Ei
2 Esslöffel Wasser
125 g Butter

Belag:
650 g Tiefkühl-Erbsen
etwas Gemüsebrühe
100 g gekochter Schinken
2 Eier
1 Becher Crème fraîche
1 Teelöffel Speisestärke
etwas Knoblauchsalz
und Pfeffer
100 g geriebener Hartkäse

Zubereitung:

Teigzutaten zu einem Mürbteig verarbeiten, kaltstellen. Währenddessen den Belag zubereiten. Die Erbsen zum Auftauen einige Minuten in heiße Gemüsebrühe geben, abtropfen lassen. Nun den Teig auf einer bemehlten Arbeitsfläche auswellen und in eine gefettete Quicheform legen. Erbsen und Schinkenstreifen auf dem Teigboden verteilen. Eier, Crème fraîche, Speisestärke, Gewürze verquirlen, über das Quiche gießen. Im vorgeheizten Backofen bei 200 Grad 30 Minuten backen. Danach das Erbsen-Quiche mit Käse bestreuen und in weiteren 15 Minuten fertig backen.

AUFLÄUFE AUS DER BURGENKÜCHE

...mit Wurst

Zutaten:
1 kg Kartoffeln
etwas Salz, Pfeffer
und Thymian
400 g Schinkenwurst
6 hartgekochte Eier
50 g geriebener Hartkäse
1 1/2 Becher süße Sahne
etwas Kräutersalz
und Pfeffer

Zubereitung:
Gekochte Kartoffeln schälen, in Scheiben schneiden, abkühlen lassen. In eine gefettete Auflaufform nacheinander Kartoffelscheiben, kleingewürfelte Schinkenwurst, dünne Eischeiben legen. In dieser Reihenfolge fortfahren, mit Kartoffelscheiben abdecken und Käse darüber verteilen. Beim Schichten beachten, dass auf jede Kartoffellage etwas Salz, Pfeffer und Thymian gestreut wird. Zum Schluss Sahne, Kräutersalz, Pfeffer vermischen, über den Auflauf gießen. Im vorgeheizten Backofen bei 180 Grad ca. 45 Minuten backen.

...mit Geschnetzeltem

Zutaten:
400 g Nudeln
500 g geschnetzeltes
Schweinefleisch
etwas Öl
etwas Salz, Pfeffer
und Paprika
600 g Sauerkraut
1 Tasse Gemüsebrühe
etwas Butter

Zubereitung:
Die Nudeln kochen. Währenddessen Fleisch in heißem Öl anbraten, gut würzen, danach herausnehmen. Nun das Sauerkraut in den Bratenfond geben, ebenfalls anbraten, mit Gemüsebrühe ablöschen. Anschließend Sauerkraut und Fleisch vermischen.

In eine gefettete Auflaufform lagenweise abgetropfte Nudeln sowie Sauerkraut-Geschnetzeltes schichten. Zuletzt restliche Nudeln einfüllen und Butterflöckchen darüber verteilen. Im vorgeheizten Backofen bei 200 Grad ca. 30 Minuten backen.

FLEISCH-GEMÜSE-AUFLAUF

Zutaten:
4 Putenschnitzel
etwas Salz und Pfeffer
500 g Erbsen
200 g Möhren
etwas Butter
1 Esslöffel Mehl
1/8 l Milch
1/8 l Gemüsebrühe
3 Ecken Kräuter-Schmelzkäse
etwas Salz und Oregano

Zubereitung:
Schnitzel beidseitig würzen, danach in Streifen schneiden und in eine gefettete Auflaufform legen. Die blanchierten Erbsen sowie leicht angedünstete Möhrenscheiben auf dem Fleisch verteilen. Anschließend Butter erhitzen, Mehl einrühren, mit Milch und Gemüsebrühe ablöschen.

Nun den kleingeschnittenen Käse zufügen, schmelzen lassen (nicht kochen), gut würzen und über das Gemüse geben. Im vorgeheizten Backofen bei 200 Grad 45 Minuten backen. Zum Fleisch-Gemüse-Auflauf servieren die Ritterzwerge entweder Nudeln oder Kartoffeln.

KÖNIGS-KARTOFFELN

Zutaten:
750 g Kartoffeln
75 g Butter
etwas Salz und
geriebene Muskatnuss
250 g blanchierter
Blattspinat
2 Eier
1 Becher Crème fraîche
etwas Salz und Pfeffer
2 Tomaten
etwas Kräutersalz,
Pfeffer und Basilikum
50 g geriebener Hartkäse

Zubereitung:
Kartoffeln kochen, schälen, noch heiß durch die Kartoffelpresse drücken. Butterstückchen und Gewürze zufügen, gut verrühren. Den kleingeschnittenen Spinat untermischen. Eier, Crème fraîche, Salz, Pfeffer verquirlen, zu der Spinatmasse geben, alles vermengen und in eine gefettete Auflaufform füllen. Die Königs-Kartoffeln mit Tomatenscheiben belegen, würzen und Käse darüber streuen. Im vorgeheizten Backofen bei 200 Grad etwa 25 Minuten backen.

RITTER-MAHL

Zutaten:
500 g Kartoffeln
500 g Schweinerücken
in Scheiben geschnitten
etwas Öl
etwas Salz und Pfeffer
1 Zucchini
150 ml Gemüsebrühe
1 Teelöffel Speisestärke
1 Becher süße Sahne
70 g geriebener Hartkäse
etwas Salz, Pfeffer
und Basilikum
2 Tomaten
30 g geriebener Hartkäse

Zubereitung:
Gekochte, geschälte Kartoffeln in Scheiben schneiden. Fleisch in heißem Öl beidseitig anbraten, gut würzen, danach heraus nehmen. Nun die Zucchinischeiben im Bratenfond kurz anbraten, anschließend auf einen Teller legen. Den Bratenfond mit Gemüsebrühe ablöschen. Speisestärke und Sahne verquirlen, in die Gemüsebrühe einrühren, einmal aufkochen lassen. Die Soße vom Herd nehmen, den Käse untermischen und würzen. Eine gefettete Auflaufform mit Kartoffel-, Fleisch-, Zucchini-, Tomatenscheiben füllen, Soße darauf verteilen, sowie Käse darüber streuen. Im vorgeheizten Backofen bei 200 Grad ca. 30 Minuten backen.

MÖHREN-SOUFFLÉ

Zutaten:

50 g Butter

50 g Mehl

1/4 l Milch

1/8 l Gemüsebrühe

150 g geriebener Hartkäse

etwas Salz, Pfeffer

und Oregano

4 Eigelb

2 Möhren

4 Eiweiß

Zubereitung:

Butter erhitzen, das Mehl einrühren, mit Milch und Gemüsebrühe ablöschen. Nun den Käse dazugeben, schmelzen lassen (nicht kochen) und würzen. Nacheinander Eigelb zufügen, gut verrühren. Feingeraspelte Möhren sowie den Eischnee unterziehen.

Die Masse in eine gefettete Auflaufform füllen. Im vorgeheizten Backofen bei 200 Grad ca. 45 Minuten backen.

KÖSTLICHE AUFLÄUFE VOM NACHTGESPENST

Gespenster-Mahl

Zutaten:
4 Eier
130 g Zucker
etwas Zimt
250 g Grieß
1/2 Päckchen Backpulver
1/2 l Milch

Zubereitung:
Eier, Zucker, Zimt schaumig schlagen. Grieß mit Backpulver vermischt, einrühren. Die Masse in eine gefettete Auflaufform füllen. Im vorgeheizten Backofen bei 180 Grad ca. 30 Minuten backen. Den Auflauf aus dem Ofen nehmen, kochende Milch darüber gießen und zugedeckt 15 Minuten ziehen lassen. Vanillesoße oder Kompott dazu reichen.

Süße Gespenster-Leckerei

Zutaten:
150 g Butter
80 g Zucker
4 Eigelb
250 g Quark
150 g gemahlene Haselnüsse
1 Messerspitze Backpulver
1 Dose Mandarinen
4 Eiweiß

Zubereitung:
Butter schaumig schlagen. Abwechselnd Zucker und Eigelb zufügen, gut mitrühren. Nacheinander Quark, Haselnüsse mit Backpulver vermischt, einrühren.

Anschließend Mandarinen, zuletzt steifgeschlagenes Eiweiß unterziehen. Die Teigmasse in eine gefettete Auflaufform füllen und im vorgeheizten Backofen bei 180 Grad ca. 1 Stunde backen.

Mitternachts-Auflauf

Zutaten:
400 g Äpfel
etwas Zucker und Zimt
15 Scheiben Toastbrot
1/2 l Milch
100 g Butter
80 g Zucker
4 Eier
1 Päckchen Vanille-
puddingpulver
1 Messerspitze Backpulver

Zubereitung:
Die geschälten, vom Kernhaus befreiten Äpfel in kleine, dünne Scheiben schneiden, Zucker und Zimt untermischen. Nun Brotscheiben entrinden, Milch darüber gießen, durchziehen lassen. Butter schaumig schlagen, abwechselnd Zucker und Eier zufügen, gut mitrühren. Danach Toastbrot sowie das mit Backpulver vermischte Vanillepuddingpulver einrühren. Die Hälfte des Teiges in eine gefettete Auflaufform füllen, Apfelscheiben darauf legen, über diese den restlichen Teig verteilen. Im vorgeheizten Backofen bei 200 Grad ca. 60 Minuten backen. Den Auflauf warm oder kalt servieren. Vanillesoße schmeckt dazu besonders gut.

Fruchtige Gespenster-Speise

Zutaten:
8 Scheiben Toastbrot
3 Eigelb
$1/2$ l Milch
60 g Zucker
1 Dose Pfirsiche
1 Glas Kirschen
3 Eiweiß
1 Esslöffel Puderzucker

Zubereitung:
Brotscheiben entrinden, in eine gefettete Auflaufform geben. Eigelb, Milch, Zucker verrühren, über das Brot gießen, mit den abgetropften Früchten belegen. Im vorgeheizten Backofen bei 200 Grad 30 Minuten backen. Eiweiß, Puderzucker steif schlagen, auf dem Obst verteilen, goldgelb backen.

Honig-Nascherei

Zutaten:
4 Eier
3 Esslöffel Honig
1 Päckchen Vanillezucker
$1/4$ l Milch
$1/4$ l süße Sahne
1 Teelöffel Sahnepuddingpulver

Zubereitung:
Die Eier mit Honig und Vanillezucker verquirlen (nicht schaumig schlagen). Danach Milch, Sahne, Puddingpulver einrühren. Die Masse in vier gefettete Auflaufförmchen gießen. Im vorgeheizten Backofen bei 100 Grad ca. 1 $1/2$ Stunden stocken lassen.

HOKUS-POKUS - KNÖDEL-SAUERKRAUT-AUFLAUF

Zutaten:
500 g Kartoffeln
1/2 Bund Petersilie
etwas Butter
1 Brötchen vom Vortag
100 g gekochter Schinken
1 Ei
1 Esslöffel Mehl
1 Esslöffel Speisestärke
etwas Salz und Majoran
1 Zwiebel
etwas Öl
750 g Sauerkraut
1 Apfel
350 ml Gemüsebrühe
etwas Kümmel und
einige Wacholderbeeren
je 1/2 Becher süße Sahne
und Crème fraîche
etwas Knoblauchsalz
und Pfeffer
50 g geriebener Hartkäse

Zubereitung:
Kartoffeln am Vortag kochen, schälen, noch heiß durch die Kartoffelpresse drücken, bis zur Weiterverarbeitung kaltstellen. Feingehackte Petersilie in heißer Butter andünsten. Kleine Brötchenwürfel ebenfalls in heißer Butter anrösten. Danach Petersilie, Brötchen- und Schinkenwürfelchen, Ei, Mehl, Speisestärke, Salz, Majoran zu den Kartoffeln geben, alles gut vermischen. Daraus Knödel formen, diese in kochendes Salzwasser legen, bei schwacher Hitze ca. 20 Minuten ziehen lassen. Mit einem Schaumlöffel heraus nehmen, abtropfen und auskühlen lassen.

Für die Sauerkraut-Zubereitung kleingehackte Zwiebel in heißem Öl glasig dünsten, Sauerkraut, feingeriebener Apfel, Gemüsebrühe, Kümmel, Wacholderbeeren zufügen, ca. 30 Minuten garen. Währenddessen Knödel in Scheiben schneiden, in heißem Öl beidseitig goldgelb anbraten.

Nun das Sauerkraut in eine gefettete Auflaufform füllen, darauf die Knödelscheiben schindelartig schichten. Sahne, Crème fraîche, Gewürze verquirlen, über den Auflauf gießen, mit Hartkäse bestreuen. Im vorgeheizten Backofen bei 200 Grad ca. 45 Minuten backen.

Tomatenzauber

Zutaten:
6 Scheiben Toastbrot, 1 Zwiebel, 4 Esslöffel Olivenöl, 6 Tomaten, etwas Knoblauchsalz, Pfeffer und Basilikum, 600 g Mozzarella-Käse, etwas Pfeffer aus der Mühle

Zubereitung:
Brotscheiben in eine gefettete Auflaufform legen. Feingehackte Zwiebel in heißem Öl glasig dünsten, die Hälfte dieser Mischung über das Brot geben. Anschließend mit Tomatenscheiben abdecken, gut würzen. Nun nacheinander restliches Zwiebel-Öl, Mozzarella-Scheiben sowie frisch gemahlenen Pfeffer darauf verteilen. Im vorgeheizten Backofen bei 200 Grad ca. 30 Minuten backen.

REIS-MAIS-GERICHT

Zutaten:
250 g Reis
3/4 l Gemüsebrühe
1 Zwiebel
je 1 rote und grüne Paprikaschote
etwas Olivenöl
etwas Knoblauchsalz
150 g Mehl
1/2 Teelöffel Backpulver
1/4 l Milch
2 Eier
4 Esslöffel Öl
etwas Salz und Pfeffer
1 Dose Mais
200 g geriebener Hartkäse

Zubereitung:
Reis in Gemüsebrühe etwa 30 Minuten garen. Kleine Zwiebel- und Paprikawürfel in heißem Öl andünsten, gut würzen. Mehl, Backpulver, Milch, Eier, Öl, Gewürze verquirlen, danach Reis, Zwiebel, Paprika, abgetropften Mais sowie den Käse untermischen. Die Masse in eine gefettete Auflauf- oder Quicheform füllen. Im vorgeheizten Backofen bei 200 Grad ca. 45 Minuten backen.

FEINER FISCH-AUFLAUF

Zutaten:
2 Stangen Lauch
4 Scheiben Fischfilet
etwas Zitronensaft
etwas Salz und Pfeffer
1 Zwiebel
etwas Öl
4 Tomaten
etwas Kräutersalz

1 Becher Crème fraîche
je 1/2 Bund Petersilie
und Dill
etwas Salz und Pfeffer
50 g geriebener Hartkäse

Zubereitung:
Die Lauchringe blanchieren, abtropfen lassen, anschließend in eine gefettete Auflaufform füllen. Fischfilets mit Zitronensaft, Salz, Pfeffer würzen, auf den Lauch geben. Zwiebelwürfelchen in heißem Öl glasig dünsten. Nun die Fischfilets mit den Zwiebeln und Tomatenscheiben belegen, gut würzen. Crème fraîche, feingehackte Kräuter und Gewürze verrühren, auf den Tomaten verteilen, Käse darüber streuen. Im vorgeheizten Backofen bei 200 Grad ca. 30 Minuten backen.

ZWERGEN-BIRNEN-AUFLAUF

Zutaten:
4 Scheiben Toastbrot
50 g Butter
200 g Zucker
1 Päckchen Vanillezucker
4 Eigelb
500 g Quark
1 Päckchen Vanille-puddingpulver
1 Messerspitze Backpulver
4 Eiweiß
1 Dose Birnen

Zubereitung:
Brotscheiben entrinden und in eine gefettete Auflaufform legen. Butter schaumig schlagen, abwechselnd Zucker, Vanillezucker, Eigelb zufügen, gut mitrühren. Quark, Pudding- und Backpulver einrühren, anschließend das steifgeschlagene Eiweiß unterziehen. Die Hälfte der Quarkmasse auf das Brot geben, mit abgetropften Birnen belegen sowie restlichen Quark darüber verteilen. Im vorgeheizten Backofen bei 220 Grad 10 Minuten, danach bei 180 Grad weitere ca. 40 Minuten backen. Den Auflauf noch 15 Minuten im ausgeschalteten Backofen stehen lassen.

APRIKOSEN-SCHLEMMEREI

Zutaten:
1 Dose Aprikosen
(Saft aufheben)
30 g Butter
1 Päckchen Vanille-
puddingpulver
1/2 l Flüssigkeit
(Saft und Wasser)
80 g Zucker
1 Päckchen Vanillezucker
20 g gemahlene Mandeln
2 Esslöffel süße Sahne
4 Eigelb
4 Eiweiß
50 g Puderzucker

Zubereitung:
Gut abgetropfte Aprikosen in eine gefettete Auflaufform legen. Butter erhitzen, das Puddingpulver einrühren, langsam die Flüssigkeit dazu gießen, kurz aufkochen. Zucker, Vanillezucker, Mandeln, Sahne sowie nacheinander die Eigelb zufügen, alles verrühren und auf die Aprikosen geben. Eiweiß mit Puderzucker steif schlagen, über den Auflauf streichen. Im vorgeheizten Backofen bei 175 Grad etwa 15 Minuten backen.

SÜSSER BROT-ZAUBER

Zutaten:
1/2 l Milch
80 g Zucker
1 Päckchen Vanillezucker
3 Scheiben Toastbrot
3 Eigelb
200 g Waldbeeren-
Fruchtaufstrich
3 Eiweiß
50 g Puderzucker

Zubereitung:
Milch, Zucker, Vanillezucker zum Kochen bringen, das entrindete, fein zerbröselte Brot einrühren. Die Masse etwas abkühlen lassen, nacheinander die Eigelb unterrühren, in eine gefettete Auflaufform füllen. Im vorgeheizten Backofen bei 175 Grad 30 Minuten backen. Den Fruchtaufstrich erhitzen, über den Auflauf geben, darauf das mit Puderzucker steifgeschlagene Eiweiß streichen, in weiteren ca. 15 Minuten fertig backen.

MÜRBTEIG-ZUBEREITUNG

Das Mehl auf eine Arbeitsfläche sieben. In die Mitte eine Vertiefung drücken. Nun Salz, Ei und Wasser hinein geben, mit etwas Mehl verrühren.

Auf den Mehlrand die kalte, kleingeschnittene Butter legen, alles zu einem glatten Teig kneten, zugedeckt etwa 1 Stunde kaltstellen.

LAUCH-QUICHE

Zutaten:
Teig:
250 g Mehl
1 Messerspitze Backpulver
1/2 Teelöffel Kräutersalz
1 Ei
3 Esslöffel Wasser
100 g Butter

Belag:
1 kg Lauch
1/2 l Gemüsebrühe
etwas Salz und Curry
250 g Quark
1 Ei
1/2 Becher Crème fraîche
1 Esslöffel Speisestärke
etwas Kräutersalz
und Pfeffer
1/2 Bund Petersilie

Zubereitung:
Teigzutaten zu einem Mürbteig verarbeiten, kaltstellen. Für den Belag Lauchringe in Gemüsebrühe blanchieren, würzen, abtropfen lassen. Quark, Ei, Crème fraîche, Speisestärke, Gewürze verrühren, Lauch und feingehackte Petersilie untermischen. Nun den auf einer bemehlten Arbeitsfläche ausgewellten Teig in eine gefettete Quicheform legen. Die Lauch-Masse auf dem Teigboden gleichmäßig verteilen. Das Lauch-Quiche im vorgeheizten Backofen bei 200 Grad ca. 45 Minuten backen.

Mandel-Auflauf-Dessert

50 g Butter in einer Pfanne erhitzen. Danach
50 g Zucker und 1 Päckchen Vanillezucker einrühren.
So lange rühren bis der Zucker geschmolzen ist.
100 g grob gemahlene Mandeln dazugeben. Unter die
leicht angerösteten Mandeln 3 Esslöffel Sahne mischen.
1 Dose gut abgetropfte Birnen in eine gefettete Auflaufform
legen und die Mandelmasse darüber verteilen.
Im vorgeheizten Backofen bei 200 Grad ca.
15 Minuten backen. Zu dem Mandel-Auflauf-Dessert
steifgeschlagene Sahne servieren.

INHALT	Seite						
SÜSSE AUFLÄUFE:		Süße Quarkspeise	32	Kassler im Versteck	37	Spinat-Pfannkuchen	20
Ananas-Löffelbiskuit-Auflauf	32	Süßer Brot-Zauber	57	Knödel-Sauerkraut-Auflauf	52	Tomaten-Pfannkuchen	39
Apfel-Mandel-Auflauf	8	Überbackenes Apfelmus	10	Königs-Kartoffeln	45	Tomaten-Reisauflauf	15
Apfel-Streuselchen	23	Zwergen-Birnen-Auflauf	56	Lauch-Quiche	58	Tomatenzauber	53
Aprikosen-Schlemmerei	57			Leckerer Chicorée	38	Überbackener Kartoffelbrei	16
Birnen-Schmaus	25	**PIKANTE AUFLÄUFE:**		Leckerer Kartoffelbrei-Auflauf	5	Zucchini-Polenta	12
Feiner Zwergen-Auflauf	5	Auflauf mit Geschnetzeltem	43	Leckerer Spinat	28	Zwergen-Nudel-Hit	35
Feines Soufflé	33	Auflauf mit Wurst	42	Möhren-Soufflé	47		
Fruchtige Gespenster-Speise	51	Blumenkohl-Brokkoli-Auflauf	19	Nudel-Kartoffel-Gericht	26	Mürbteig-Zubereitung	58
Fruchtiger Reisauflauf	9	Buntes Reis-Gratin	34	Quark-Auflauf mit Würstchen	27		
Gespenster-Mahl	48	Champignon-Quiche	14	Quark-Nudeln	17		
Honig-Nascherei	51	Erbsen-Quiche	41	Reis-Mais-Gericht	54		
Kirschen-Auflauf	22	Feiner Fisch-Auflauf	55	Ritterlicher Hackfleisch-Auflauf	40		
Mandel-Auflauf-Dessert	60	Fleisch-Auflauf	4	Ritter-Mahl	46		
Mitternachts-Auflauf	49	Fleisch-Gemüse-Auflauf	44	Sahnekartoffeln	29		
Mohn-Auflauf	24	Gemüse-Auflauf	30	Schinken-Bohnen	36		
Pfirsich-Auflauf	6	Hackfleisch-Champignon-Auflauf	18	Schinken-Lasagne	31		
Süße Gespenster-Leckerei	48	Käseauflauf	17				
Süße Mandel-Nudeln	11						

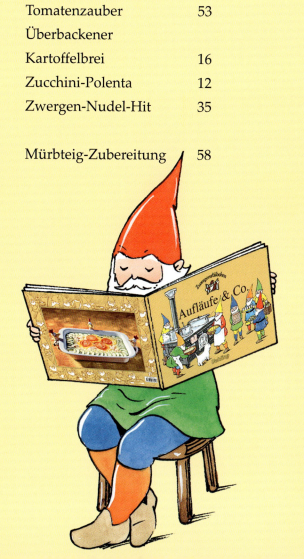

Meine Auflauf-Rezepte

Gesamtherstellung:	Vehling Verlag GmbH, Berlin
Produktion:	Elke Schuster
Mitarbeit:	Zwergenstübchenmütter
Illustration:	Margret Hoss
Fotografie:	Axel Waldecker
Layout:	Die Repro
Lithografie:	Die Repro

Copyright by Detlef Vehling.
Das Werk einschließlich aller seiner Teile ist urheberrechtlich geschützt. Jede Verwertung ist ohne Zustimmung des Verlages unzulässig und strafbar.

Der Inhalt dieses Buches ist vom Verlag sorgfältig erwogen und geprüft, dennoch kann eine Garantie nicht übernommen werden. Eine Haftung des Verlages für Personen-, Sach- und Vermögensschäden ist ausgeschlossen.

www.vehlingbuch.de

Zwergenstübchen

Die erfolgreiche Serie
für Mutter und Kind

Schön zu lesen und leicht zu backen mit ausgesuchten Rezepten von Kuchen, Torten, Waffeln und Plätzchen. Das Zwergenstübchen Backbuch für die ganze Familie.
Art.-Nr. 264

Hier begleiten uns die Zwerge durch Frühling, Sommer, Herbst und Winter. Mit wenig Aufwand und einfachen Mitteln geben sie Anregungen und zeigen wie Sie mit Ihrer Familie den Jahresablauf gestalten können.
Art.-Nr. 267

Auf Wunsch vieler Leser kochten unsere Zwerge ganz fleißig und stellten für Sie leckere Rezepte zusammen. Unsere Kochzwerge legten viel Wert auf eine gesunde Küche und suchten Rezepte aus, die schnell, einfach und leicht nachzukochen sind.
Art.-Nr. 318

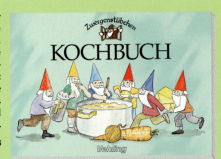

In der Zwergen-Backstube duftet es nach frisch gebackenen Plätzchen. Plätzchenrezepte und andere Leckereien, die das ganze Jahr über „zwergig gut" gelingen und schmecken.
Art.-Nr. 283

Viele farbige Abbildungen und lustige Illustrationen.
Format: 30 x 21,5 cm

Für alle treuen Zwergenstübchen-Fans haben die Zwerge noch einmal tief in die geheimnisvolle Rezepte-Truhe gegriffen und präsentieren uns das 2. Zwergenstübchen Backbuch mit tollen neuen Rezepten.
Art.-Nr. 260

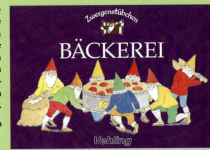

Viele Überraschungen halten die Zwerge für Sie bereit – unter anderem ein lustiges Puppenfest, schöne Stunden auf dem Bauernhof sowie fröhliche Spiele für Regentage und Sonnenschein.
Art.-Nr. 528

Kochen für Freunde ist gefüllt mit den leckersten Zwergenstübchen Kochrezepten. Die Zwergenköche wählten viele tolle Rezepte aus - vom herzhaften Essen bis zum festlichen Menü.
Art.-Nr. 622

Backen für Freunde überrascht Sie mit vielen süßen, pikanten und gut schmeckenden Backrezepten. Zu jedem Anlass finden Sie leckere Backideen um Ihre Familie und Freunde zu verwöhnen.
Art.-Nr. 621

Viel Freude bei der Vorbereitung und Gestaltung eines unvergeßlichen Kindergeburtstages und herzlichen Glückwunsch allen Geburtstagskindern wünschen wir mit dem Zwergenstübchen Geburtstagsbuch.

Art.-Nr. 374

Freuen Sie sich auf ein abwechslungsreiches Kochen und Backen rund um die Kartoffel mit den vielfältigsten Rezepten aus der heimischen Küche sowie feinen internationalen Spezialitäten.

Art.-Nr. 560

Alle Zwergenstübchenfamilien möchten die Advents- und Weihnachtszeit gemeinsam mit Ihnen verbringen. Die besten Ideen hierzu finden Sie in diesem Buch. Wie immer liebevoll für Sie zusammengestellt.

Art.-Nr. 372

Die ABC Zwerge präsentieren Ihnen die Zwergenstübchen Tortenparade. Das Buch ist gefüllt mit Tortenköstlichkeiten von A - Z für die ganze Familie, die nach Zwergenart leicht nachzubacken sind und bestens schmecken.

Art.-Nr. 557

Natur Erleben ist ein wunderbares Buch den Naturkreislauf mit den Zwergen kennenzulernen und dabei die verschiedenen Jahreszeiten zu durchstreifen.

Art.-Nr. 590

Zwergenstübchen Nudelzauber enthält die feinsten Nudelrezepte für die ganze Familie. Freuen Sie sich auf die köstlichen Nudelgerichte in unserem zauberhaften Nudelbuch.

Art.-Nr. 619

Frisch aus der Zwergenküche erhalten Sie die besten Obstrezepte. Die Zwerge haben viele fruchtige Kuchen und für alle Naschkätzchen feine, süße Obstdesserts zubereitet.

Art.-Nr. 637

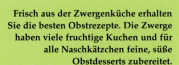